JN438266

수단의 아이스크림

시와문화의 시집 024

수단의 아이스크림

한명환 시집

시와문화

■시인의 말

네 기도를 들었고 눈물을 보았다
(구약, 열왕기 20)

넋두리로 보낸 삼십 년 세월,
가끔 당신을 돌아다보다
거기에 내가 있었음을 안다

2017년 12월
한명환

|차　례|

제2부 사십 년 만의 수학여행

제3부 수단의 아이스크림

제4부 부겐베리아, 나짱의 기억

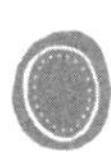

제1부
가시장미

가시 장미

누가 쓴

혈서인가

붉고 검은 잎들

지금

폭염의 자외선에

고개 빳빳이 세운 채

뒤틀리고 오그라져

까맣게

타들어간다

가시 끝에서

피어난 꽃봉오리

말라붙어 다시 독침이 된다

연천 댁

육남매 장녀로
처녀시절 동생 다섯 뒷바라지 하다
한글도 못 떼고
와세다 대학 출신 남편
섬기며 사는 데
학자연한 한량 남편 십 년째 아이 없다
방고랑에서 아들 타령만 하다가
배 다른 아들 하나 남겨두고
혼자 세상 떠났네

사십 줄에 혼자 된 연천댁
생선장사, 품앗이 밭일
안 해 본 일 없네
못난 아들 어디서 계모소리 듣고
망나니 짓 끝에
저잣거리 모자란 여자
데려다 놓고 살림 차리네

그 여자 아들이라 낳아놓고
혼자 밥해먹네

화나면 핏덩이 아들 방죽에 빠뜨려
혼줄 난 연천댁
아들 자식, 그놈의 손주 자식 냅다 데리고
서울 혼자 사는 딸네 얹혀 사는데
엄마 없는 천방지축 손주놈들
씻기고 멕여 키우다보니
당신은 온몸 뒤틀리는 당뇨병 도져
무인지경에 혼자 숨 거두셨네

여든 넘어 한글 몰라
이름 석자 꾹꾹 눌러
손바닥만한 공책에
딸네며, 시골 동네며, 사회복지과 전화번호들…
지나가는 도우미 손들의 필체가 각양각색이로구나
서랍 안에는 안경집이며,
멀리서 외손녀가 보내준 고급 목도리 선물이며
봉숭아 꽃 새겨진 빛 바랜 손수건…

늘 쥐고 다니시던 묵주 알들
고인의 방에 굴러다니다

낡은 창문 틈 사이로
첫 눈 내리는
납골당 먼 산 바라보며
기축년 새해 인사하네

하얀 벽
–삼진이를 기리어

시립정신병동 안의 텔레비전 안은 또 다른 정신병동이다

과일들이 교미하고 신음소리를 내는가 하면

깎아 만든 완소남 완소녀들 종일 깔깔대며 웃고 있다

할머니가 기다려요 나가야 돼요

아저씨 휴대폰 좀 빌려 주세요

간병 남자들 틈에 끼인 소녀의 말들이

하얀 벽에 부딪쳐 돌아다니고 있다

공양왕길

자가용 버리고 걸었다
이 근처에서 허방 짚었을 왕의 서툰 걸음 생각하며
따가운 햇살 그대로 받으며 걸었다

왕은
몸에 흘렀을 용무늬 비단 금의
머리 조아렸을 만조백관들
오백 년 사직 던져놓고
박적골에서 절밥 얻어먹으며
고려 마지막 목숨 연명했다

거친 옷 걸친 채
피바람, 비바람에 쫓겨
허둥대다가
다락골에 은거하며
대궐 약수터까지
하루 거르지 않고
순비 노씨와
고운 땀 흘리며 걸었다던
약수터 길 이십 리

서기 이천년 하고도 십 년
아름드리 이조시대 후예들의 석상과 비석들,
그 숱한 비문 아래로
밥절터(食寺洞), 왕릉골, 대궐고개 약수터,
아무런 맥락도 없이 불려온 이름 속에
필부필부로 남아있는 당신
폭풍우 곤파스 훑고 지나간 위로
하늘은 이제 푸르러 가는데
백성들이 세워준
애견 삽살개 석물 앞에
원당 골 소문처럼
살아 있는 당신

모기 소리

오슬오슬 난방이 꺼진 아침
낡은 연립의 베란다
녹순 문짝을 여는데
창문 사이로
왱- 하니 날아든 모기 한 마리
밤새 얼어 죽을 뻔 했다는 건지
기세가 등등하다
저 사이렌 소리는 강의로 단련된 내 목소리보다
사뭇 위협적이다
독기어린 놈에게 피를 빨릴 것 같다

모기 소리가 모기 소리가 아니다

원당 시립 도서관

한 발 짝 내딛으면
열사의 땅
숨 쉬기조차 힘들어 내몰린 곳

긴 여름 내내 늘어나는 채무에
고금리 대부업체 메시지 외에
일거리 하나 없는
아버지들이
옹기종기 모여 앉아
상아빛 타일 곱게 박힌
일층 로비를
은퇴한 연금수령자처럼
여유롭게 거닐거나
때론 동네 화가의 시화전을 감상하기도 하면서
폭염의 기세가 꺾일 시간까지
사념에 잠겨야 하는 곳

수아*

길게 펼쳐진 황톳길 위로

긴 여름날 치맛꼬리 풀리듯 처진 햇살

할미 등에 업힌 아기 따로 노는구나

하늘 하늘 얼굴은 꽃잎 같고

두 팔은 바람결에 버들가지

갈아엎은 누런 황톳길 따라

푸른 하늘 뜬 구름

할미 서글픈 사랑

포대기에 아득하구나

*수아가 두 살 무렵이다.(1991) 난 수아가 두 살 무렵 강의를 줄이고 운전면허 시험과 박사과정 입학을 준비하고 있었다. 그래서 지금 현대아파트가 들어선 건물 한국컴퓨터학원 4층에 있었는데, 가끔 장모님이 수아를 업고 지나가던 모습을 볼 수 있었다. 장모님은 능곡시장 연수학원 옆 단칸방에 세들어 살면서 처조카들까지 돌보느라 우리 집을 오가면서 사셨다. 그 수아를 업고 가던 그 셋집은 지금도 풀밭에 뒤덮여 있다.

칼국수

대야 같은 그릇에 가득 담겨
오인 분 같은 삼인 분 칼국수가 드디어 나왔다
한 그릇 한 그릇 뜨거운 칼국수가
담겨나가자 그때서야
아이들은 쫄깃쫄깃해진 국수 가락부터 건져 내어
후루룩 씹는다.

요즘 아이답지 않게 하얀 버짐이 핀 축구광 큰 아이
두 살 터울 언니에 치여 늘 괴로운 비쩍 마른 작은 아이
IMF 지나 하늘의 계시처럼 나타난 세 살배기까지
앗 뜨거워 후후 땀 흘리며,
후루룩 맛있게 먹는다

시댁 친가 치다꺼리에 시달리다
갑상선이 도져 볼이 홀쭉해진 아내도
오늘은 행복한 여느 주부다
조개, 새우, 미더덕, 해물이 어우러진 기가 막힌 국물

일품이지만
너무 뜨거워
조금씩 음미하며 먹을 수밖에 없는 칼국수
토요일 오후

아파트 아이들로 시끄러운 마을 한 귀퉁이에서
내 아내와 아이들이 모처럼 나누는
거룩한 시간

까페 무인도

칠흑 같은 밤
까페 무인도에 가라 앉았다
복제된 술병처럼 넘어지는
무수한 나
아직 넘어져야 할 날이 남았나
아직 일어나야 할 날이 남았나
오줌을 누며
헛구역질 하다 온 몸을 떤다
어느 만큼 낮추면
진짜 밑바닥일까
복제된 나는 모른다

남산

겨울 음산한 남산 길 위에서
위태위태해 보이는
한 소녀를 만났다
아빠가 아저씨라면 좋겠다던
'저, 정말이에요' 말을 더듬던 아이는
나처럼 만화광이었다
남산 타워 유령의 집에서
어둠을 좇아다니며 놀았다
하루종일
'바람의 검신' 겐신이 되고 싶었다

우유와 음료를 사먹고
잔설이 비치는 남산 길을 내려온다
인연이 있으면 또 만날 것이다
이 말은 내가 한 게 아니라
아이가 한 말이다.

몽정

당신 혹 보았나요
그 여자를
영등포 역 계단이나
을지로 지하도에서
혹은 신촌 그레이스 백화점이나
안산 중앙역 근처에서
늦은 밤 마주 친
검은 눈빛, 붉은 입술의
전설의 잉쿠부스
남자의 정액을 먹는다는 그 여자는
어디든 따라가지요
우리 같은 남자를 늘 따라 다닌다지요
이글거리는 눈망울에
물기가 어려있는 그 여자는
어디서부터 나를 미행해 온 걸까요
내 발길이 방향을 잃고 흩어지고 있는 것을
눈치 챈 걸 까요
걸음은 더뎌지고 다리에 힘도 빠지고
헉헉 숨이 막히고 도망칠 수도 없네요
빌딩 숲 꼭대기에 매달려

마지막 줄을 놓아버렸죠

이튿날,
계단을 급히 뛰어 오르는데
누군가 뒤따르고 있네요
내 몸은 또 애드발룬처럼 부풀어 오르기 시작했습니다
막, 새로운 밤이 펼쳐지고 있었답니다

신일 선풍기 눈보라 씨에게

–변압기 터지던 날

눈보라 씨, 당신은 위대했어

섭씨 35도를 웃도는 한낮의 폭염에 이어

한밤중에도 열대를 연상케 하는 열섬 더위에

눈보라 씨, 당신이 없었더라면

연립주택 삼층 집 지붕 아래

장모 그리고 세 살배기 아이까지 우리 여섯 식구는

꼼짝없이 육수를 흘리다 기진할 뻔 했지

우릴 땀띠하나 나지 않게 훌륭히 지켜 준 그대는

대신 쉴 틈도 없었지

그러다 오늘

두터운 습도, 수상한 열기

새벽 두시의 무거운 정적에

나는 잠이 깨었고

그대는 변압기가 터져서야 숨을 돌렸지

나를 나무라지 말게나

한여름 오도가도 못한 나의 무능함을

도서관 신세나 지며

어떻게 할 수가 없었던 나를

용서해 주게

그대가 일으키는 바람처럼 사라지고 싶은 심정이면서도

"차고 올연히" 견뎌가고 있는 나를

너무 욕하진 말게

* '차고 올연히 견디란다' 는 정지용 시 〈장수산〉에서 인용.

파이란*

당신은

낯선 이국에

친지를 찾아 왔다가

불법체류자가 되어

거짓 혼인신고를 했습니다

파이란,

당신은 빨간 머플러를 건네 준 건달 남편에게

세 번 편지를 썼습니다

누구도 감당할 수 없는 감사와

사랑을 바쳤습니다

파이란,

당신은 세 번 울었습니다.

당신을 돈으로 여기는 이 곳 사람들이

너무 무서워 혼자 숨어 울었습니다

그리고는

칼날 같은 겨울 바람 속에서

억세게 빨래를 해대는

'인간 기계' 가 되었습니다

파이란, 당신은 세 번 각혈하였습니다.

당신은 인간 말종들로 득실대는 이 땅을

피로 정화하고 깨끗한 처녀를 바쳤습니다

그리고 더듬거리는 손길로 희미하게 양심을 간직한

가련한 '삼류깡패 강재' 라는 한 영혼을 구했습니다

파이란, 당신은

자본주의 독에 침윤되어

겉으론 평등한 체, 정의로운 체하면서

속으로는 열심히 썩어가고 있는 이곳을

맑게 비추어 준 거울이 되었습니다

*파이란; 아사다 지로 〈러브레터〉가 원작, 송해성 감독 2001년도 영화제목이자 여주인공 이름,

카프리에 갇히다

로데오 거리

새로 깔린 붉은 벽돌 도로 위에

그늘이 지면

까페 '레드락' 에서는

새끼 손가락만한 물고기들이 유영하고

황홀한 보랏빛 베일 속에서

투명한 밤의 유혹이 펼쳐집니다

외로움을 호소하는

수 많은 여인들의 음성들을 어디서나 들으며

카프리를, 병째로 마실 수 있습니다

누군가와 끝없이 교신하는

깊은 심연의 숨소리들

그 적나라하고 심란한 방종과 무위의 연못 속에서

날개 죽지 젖은 새가 되어

SOS 구원을 요청해 보지만

삐익 – 위험 신호 경고음인 양

띠띠디 하는 임포텐스의 신호음이여

나는 이제

메시지를 남긴 당신을, 당신의 모음과 자음을,

아픈 명치를 압박하듯 천천히

꾹꾹 눌러 지워야 합니다

나는, 나의 불능은

어느새 카프리 안에 갇히고 말았습니다

천안 삼거리

아직 앙상한
삼거리 능수버들 가지들
물이 올랐을까
유월의 신록
꿈꾸고 있을까

겨우내 팬 이랑
벼 베인 자리 하얗던 고랑
거뭇거뭇 탄 자국
논두렁 풀잎마다 방울방울 이슬 맺혀
아지랑이 피어오르는 아침
푸릇푸릇 보리새싹 돋을까

야심과 방심의 거리에
사열하듯 서서
이제 뭐 할까

제2부

네 기도를 들었고 눈물을 보았다

막내둥이

조금 쌀쌀했던 봄날
나는 다섯 살 막내둥이 데리고
어느 학과장 교수님과
선정릉 오백 년 묵은 고목 아래에서
누구 시가 좋느니 세태가 어떠느니 하며
봄볕을 즐겼었다
그리고,
변방의 수자리 하나 건지지 못한 채
백수 건달이 되어
맥없이 다시 찾아든 선정릉이다
실로 이십 년만이다

따가운 햇살 때문인지 모자 쓴 일꾼들이
세계유산이 된 왕 무덤 보수하느라
철책을 다듬고 꽃모종을 하고 있다
인생은 흩날리는 복사꽃처럼 가벼울 수 있다
동그랗게 부푼 무덤이 참 예쁘다
지엄하신 중종도
서삼릉에 장경 왕후랑 함께 있다가
질투심 많은 셋째 문정왕후 손에

이곳에 끌려 와 묻혔다
그리고
무덤에 물이 차
문정왕후는 또 방학동으로 옮겨졌다

바다 건너 공부하러 간 귀염둥이 막내
여기 고목 아래서 꼭 쥐던 그 조막손
참 그리워진다

해고 메시지

아, 가을,
따가운 햇살 사이로 스치는 그림자
모두들 삼복 여름님 지겨워
단풍이며 두둑한 추석 선물이며
가을만을 기다렸답니다
지금은 처서 지난 늦여름 밤이네요
어디선가 스쳐가는 한숨 소리
여름님은
구월 일일부 직인 찍힌 해직통보 받고
마지막 급료 수령증에 사인했답니다
그는 태풍소식에 연락처도 잃고
추석 성묘를 다녀와야 합니다
그리고 그 무서운 겨울님
잔소리를
겨우 내내 견뎌야 하죠
저 울울창창한 나무들도
겨울엔 헐벗고 서서
텅 빈 시간을 맞겠지요
여름님이 없는 낡은 의자엔 펑펑
함박 눈이 쌓이겠지요

그러다 또 슬그머니 봄이 오고
모두들 싫어하는 여름이 오겠지요

미세먼지

책을 읽는다
안간 힘을 쓰며 흐릿하게나마 읽는다

산책을 한다
내가 다니던 외과가 문을 닫아
걸음이 갈지자다

술을 마신다
머릿속에 서캐가 끼듯 앞이 가물거리고
눈두덩이가 붓는다
좀 있으면 손도 부을 것이다

거울에 비친 내 모습도
자꾸 흐려진다

영화 〈동주〉를 아내와 보았다

'모가지를 드리우고 피를 뚝뚝'* 흘리던 동주, 부끄럽다 살기도 어려운데 문학을 하려 하다니 늘 혼자 읽던 동주, 나 대신 발바닥에 굳은 살 박히도록 생활을 돌보며 아이들을 건사해오던 아내와 흑백필름 속의 '동주'를 보았다 동주는 어둠 속에서 죽음이 두려웠을까 나는 대학을 그만 두고 동주 논술학원을 열었다가 빚만 늘었다 동주는 바닷물 주사로 피 채우며 시를 토했을까 망망대해 위에 불쑥 십자가 고상이 솟았던 영화의 한 장면이 겹쳐진다 눈물이 솟았다 아내와 '동주'를 보다니 아내가 '동주'를 보다니

*윤동주의 〈십자가〉에서 인용

반전(反轉)

불볕으로 달구어진 집에서
벌써 사십 일째
잠을 잘 수가 없다
에어컨 공사 수주는 두 달 전에 마감되었다
여기저기서 사람들이 죽어났다
그러다가 가을이다
단번에 새로 펼쳐진 하늘 궁창,
저 아스라한 구렁이며
모였다 깔깔대듯 흩어지는 구름들
일찍이 본 적 없는 높고 푸른 하늘이다
해를 품는 듯한 은은한 저녁노을의 시나위랑
움직이는 극초대형 스크린
어디 담을 곳이 없다

이사

1950년대 신문자료 마이크로 필름
민중서관 이광수 전집 12권
품절된 70년대 명저들 학술지 영인본
1980년대 광주항쟁 자료집
30 년 동안 사 모아 책도 되고 밥도 되었던 것들
버렸다
헌책방가게 주인이 전집류만 들고 갔고
나머지는 신문과 함께 수레에 실려 갔다
내 삶의 일부를 포기한 것도
과거를 잊기 위한 것도 아니다
벌레가 성충이 되듯
때가 된 것이다

쌍계사 길

쌍계사 가는 길
벚꽃 날리는 꽃 굴 십리길
부처님 가시는 걸음
걸음마다
산화 의식인가
인간의 몸으로 지나가기가 송구스럽고나

부대껴온
오욕칠정이
눈물같기도 하고
한숨같기도 하고
아아 자비심같기도 한데

잔잔이 덧칠한 수묵화 속인가
눈물방울인양
한 점
한 점
바닥 수 놓은 벚꽃이파리들
천한 인간사 덮어 기리나니
전라도니 경상도니하는 경계가

그대로
무릉도원이어라

부처님 자비심이
오늘 하루
한나절 꿈 같고나

사십 년 만의 수학여행

길모퉁이 돌아
풍요로운
넓은 바다 꿈꾸었지
그러다
어둡고 긴 터널
외로이 걸었지
눈에 재가 낀 듯
막막한 죽음 같은 시간 흐르고
개들이 시신을 핥고 지나간
'눈먼 자들의 도시' *인 양
오월 광주라는 어두운 기억에서
지금 막 벗어난 듯
갑자기
밝아온 거리
사십 년 만의 얼굴들
행수, 기세, 우진이, 석구, 성석이랑
거짓말 같은 세월들
기적처럼 마주했지

멋진 친구 아쉬운 남편이지만

모두들 제 몫을 해 왔느니
지나간 시간 아쉽지 않네

다시 달린다
사십 년만에 수학여행버스타고
강릉 경포대 보러
대관령 설악산 달린다
내리막 커브 막 돌아서니
생 오징어마냥
막 튀어오른 동해 바다

동안의 그 시절
짙고 푸른 마음
풋풋함이여
돌이킬 수가 없구나

*〈눈먼 자들의 도시〉 ; 주제 사라마구 원작의 2008년도 페르난도 감독 영화. 모두가 진실에 눈이 먼 아비규환의 세상을 비유함.

신논현

고갯마루 객줏집에서
오천 원하는 칼국수에 만두 시켜 먹는데
은은한 와인 바 은근짝 불러주는 주막인가
달도 없이 화사한 밤
창 넘어 어둠을 응시하는
스타벅스 히 멀건 그림자들
귀신같이 어둠을 지켜 앉아있고
지나가는 승용차 불빛에
내 젊은 날 그림자 반짝 스쳐가는데
어느 한량
논 고갠가 하는 이곳에서
물레방앗간 방아 찌듯
한참 까불려지고 있겠구나

옆집 누나

세 들어 살던 옆방 아저씨
언제 괄괄한 순경이었나 싶게
중풍으로 초췌해져
바둑이나 두자던 아저씨
덕분에 아줌마, 땡볕에 화장품 행상하며
속옷 까매지도록 먼지 속을 헤매는데
그 집 누나
시장 복판에서 머리핀 하나
훔치려다
주인에게 잡혀 울고 있었지
보얗게 곡선을 이루던
누나
선녀처럼 예쁘던 누나
울고 있었지

사십 년도 더 된 일이네

조용한 주말

인사동에서
혹은 종로에서
우연히 마주쳐
술 마시고 노래불렀지
영등포 역 근처 호프집에서도
신세타령 하며 함께 어울렸었지

연쇄살인마에
쫓기는 여주인공 외침소리
티브이에서
공허하게 울리는 주말
그 많던 술친구들
어디서 무얼 할까

어느 한 쪽으로
몰락의 냄새 맡았는지
아무 연락도 소식도
끊어진 지 오래다

은혜 부동산

은혜부동산 부부는
지난 추석 때 의정부 외곽순환도로에서 인천 가는 공항버스가 덮치는 바람에 사이좋게 하늘나라로 갔다
연락해 줄 배우자가 없는 장례식장은 유독 쓸쓸했었다
"삼송 지구 입주" 안내문이 붙어 있는 가게 문, 그 틈 사이로 겹겹이 끼워진 세금 독촉장들이 아내와 다투다 집 나온 나를 빤히 바라본다

사우나

엉덩이가 손바닥만 해진 아버지와 목욕을 했다

뇌경색으로 쓰러지셨던 아버지의
보리알처럼 밀려나는 때를 밀다가
젊은 아빠의 건장한 팔 안에 기대
여유롭게 우유를 빨고있는 아이와
눈이 마주쳤다
호기심 가득찬 눈이
나를 지켜본다
지금의 아버지도 오래 전
나를 저렇게 안고 뛰셨다
한 밤중 팔이 부러진 아들을 안고
온 시내 접골원 문을 두드리고 다니셨다
아버지는
아군이든 적군이든 마구 실어 나르던 아버지는
일곱 식구를 제때 실어 나르진 못하셨다
정착할 집 한 채 없이
운전대마저 놓아 버린 아버지는
생활에 쪼들리며 살아온 나에게
큰 짐이었고 풀 수 없는 숙제였다

묵은 때가 눈물과 함께
아버지의 쪼그라든 사타구니 사이로
물과 섞여 흘러내린다
뼈만 앙상한 아버지는
천천히 노구를 일으키신다
이가 세 개 남은 어머니가
에구 이뻐졌네 하며 새신랑 맞이하듯
반기신다.*

*정말 기분이 좋아지신 아버지는 나에게 커피를 타 주셨는데 이십 여일 지나 돌아가셨다.

네 기도를 들었고 눈물을 보았다*

숲 그늘
바람에 조금 흔들리나싶더니
그 깊고 그윽한 숲의 정령들
서로 몸 부비며 환호하다
영롱한 이슬
몇 방울
떨구었습니다

방울 방울
대지에 스며들었고
강물은 육중하게 흘렀습니다

벼이삭이며 옥수수, 감자랑
여치, 메뚜기, 뭉게구름이랑 영글었습니다
시냇물은 졸졸 생기있게 흘러갑니다

당신의 눈물
툭하고 지자
노을이 번지고
평화와 안식이 깃듭니다

황톳길엔
주검행렬 여전히
까맣습니다

*구약성서 열왕기 하 20장 5절

롯데리아에서

햄버거 맛을 모르겠다
빵 덩어린지
고깃덩어린지
포스트모던한 거리의 한 복판에서
오후 세 시의 불쾌감이 엄습한다

유전잔지 생태곈지
햄버거가
복잡계로 얽혀 있다는 들뢰즈 가타리
천개의 고원일지 모르는
낡은 빌딩의 옥상에서
'박제가 되어버린 천재를 아시오' *라고 짖었던 이상
이 그랬듯
살을
빵을
덜어내야 한다

*이상의 〈날개〉에서 인용

제3부

수단의 아이스크림

꿈

꿈에 암 투병하던 동생이 오빠 월급 받으면 주기로 하고 사왔어 라고 해서 뭔가 하고 뒤돌아보니 먹음직스럽게 재놓은 비싼 한우 쇠고기다 그곳엔 젊은 시절 건강하시던 어머니 아버지도 와 계셨다 나는 꿈속에서도 동생 말에 쓴 웃음 지으며 돈 걱정을 했다

병원 쥐

병원 응급실 주차장에
차를 대려다 네 눈과 마주친다
영하 16도 강추위에 매섭게
날카로운 너의 눈빛에서
온갖 주사바늘의 아픔과 약물 냄새와
웅하고 울리는 기계 소음을 듣는다

크리스마스 트리 가운데
흰 가운을 입은 사람들은
병인의 비척마른 육신 앞에서
병인의 가족들과
지옥행 티켓을
놓고 실랑이한다

아까 본 병원 쥐
귀신처럼 노리고 서서
줄다리기의 결과
기다리고 있는 것만 같다

하늘 아래 첫 동네

자유로로 한 시간만 달리면
하늘 아래 첫동네다
차에서 내려
하얗게 깔린 흙길을 따라 걸으면
인적은 보이지않고
드문드문 야트막한 집들
외롭고 지친 이들 위한
마지막 쉼터인 양
휑하니 비워놓고 서있다

여기는 바람이 적당히 불어오는 곳
끼익 끽 초르르 딱다구르르
온갖 새들 소리 아름다운 풀 언덕에 올라
홀로 고요히 앉아 있노라니
언젠가 처음 내가 나온 곳
하늘 아래 첫 동네

이만하면
정도 마음도 비우고
와야할 곳 아닌가

고개 드니
어느새
하늘이 내려와 나를 감싸듯
안는다

비둘기 떼들

로즈마리
장미 꽃다발에 대한 소문은
너를 온순하게 하지
너를 위로하고
너를 일으켜세우지
그러다가
질주하는 차량들의 경적소리에
혼비백산 날아오르지
먹다 남은 빵조각들
여기저기 흩어져
사람들 발에 밟히고
더러 곤두박질치지

평화의 파수꾼이라지만
네 생애는 언제나 바닥이지
로즈마리
장미꽃다발에 대한 헛 소문은
너의 삶을 자근자근
밟고 지나가지

오이디푸스의 눈 2

밤이슬이 내리자
푸른 독기로 뿌옇게 시야를 가리는 거리
좀비들마냥 어기적 어기적 걸어 다닌다
여기엔
적막의 흙비 내리고
영혼 없는 토르소들만
붉은 제어봉 따라 돌아다닌다

이 거리에 언제 빛이 있었던가
기댈 곳 없는 텅 빈 암울함이
가로수 산발머리마냥 심란하다
원래는,
우리가,
이렇게 시작했을 지 모른다

아늑하게 정돈된 이 세상은
단지 즐거웠던
잠깐의 세상일지 모른다

삼년 만의 세월호

꽃은 필 때 피고
질 때 져야
아름답다는데
피지도 못한 고운 학생들 수장한 세월호가
삼년 만에 쓰라린 몰골을 일으킨다
한류와 난류가 겹쳐
사오백 미터 바닥에서도 전쟁을 치렀나
사방팔방에 구멍이 나고 구겨진 흉터
살아있을 때 깨끗한 그 얼굴이 아니다
단원고 이 학년 어린 학생들을
죽음으로 몰아간 죄는커녕
꽃 같은 시신하나
건사하지 못한 전대미문의 죄 값을
어떻게 감당할까
동족 피바람 불고 남북 갈려 칠 십 년
모든 게 정치논쟁으로 보이는지
막 피어나는 열여덟 살
수백 명 수장하고도
피눈물 부모들 절규
이념 탓이라 하는가

살아있는 어른들의 눈물 몇 방울,
시 나부랭이, 촛불들이
네들에게 무슨 위안이나 될까
혈연 지연 학연으로 얽혀
아는 사람끼리 적당히 뒤를 봐주는 관행
겉으로는 아닌 척 해도
목구멍이 포도청이라며 돈이 우선인 나라
영혼이 없다는 공무원 병
교인들끼리 뭉쳐 다 해 먹자는 신성모독 병
이 나라가 왕국인지 민국인지 아직도 헷갈린
독재 추종자들
부끄러운 세상에서 부끄러운 줄 모르는
지식인들까지
차라리 옷깃 여미고 부모 삼년 상 치르듯
조용히 침묵할 일이다
특집을 만들지 마라
애들 목숨으로 이름을 드러내지 마라
돈 있으면
절반은 양심에 담고
절반은 뚝 떼어 바다에 던져라

미선이

입가에 나비처럼 미소짓던
노랑 한복 입은 사진 속 공주는
어느 봄날
빠져나갈 구멍을 못 찾고 몸부림치다
숨을 거두었다
부러진 손톱자국과 멍투성이로 문드러진 손가락
핏자국만 남기고
스스로 생을 마감했다

대학을 중퇴하고
말 수 적은 신랑과
두 아이 낳아 기르며
시내 아파트도 장만하고
학교상담일도 하고
교회 봉사도 하던
눈매 착한 사촌 여동생
나더러
—오빠 여전해 늘 이상한 데나
관심 많고— 하던 아이

군에 있을 때
내게 면회 한 번 안 와주었던
그래서 평생 나를 섭섭하게 했던
고운 아이
나도 딸들 낳아 키우다 보니
새삼 그 나이 여자애들이 얼마나 생각이 많은지
얼마나 힘든지 알게 되었지
분단된 나라에서
여자로 태어나 엄마에게는 살림 밑천이 되어주고
남편에겐 희망이 되어
피 흘려 자식들 낳아
엄마 되어 살아 가는 건
얼마나 힘든 고행인가

그 깊은 눈매
어둡게 그림자지곤 하던 그 아이
어느새
떠나 간 지
삼 년이 되었구나.

내비 없는 차

갱년기 지나
사람들 제 각각이니
새삼 아내가 소중한 줄 안다
아내 말대로 술도 끊고 담배도 끊고
누구 말 맞다나 목숨 끊길 일만 남아
그래도 살기위해 일 한답시고
강남역, 선릉역, 역삼역, 삼성역
사각형 안으로 뱅뱅 도는데
빠져나오느니
뱅뱅 사거리다
쉬어갈 역도 많고 가게도 집도 빼곡한데
도착점이 안 보인다

같이 가든
제각각 가든
끝이 보이지 않는
내비 없는 인생

노숙자 릴케

한때 귀여웠던 하얀 릴케
지금은 깜장 노숙자 되어
화려했던 과거
산책의 거리 생각나는지
길길이 날뛴다

여주인은
담벼락에 릴케 찾습니다
써놓고 술이나 마시고 있는데
너는
분리수거통 쓰레기
주둥이 물집 터지도록 뒤지다가
물똥만 찍찍 갈기더니

해가 지면
덕지덕지 털 엉겨붙은 똥강아지 되어
오줌 지렸던 사색의 자리인지
라면박스 안으로
파고 드는구나

목포역

설 지나
남녘 끝단에 와서
고인께 두 번 반 절하고
하릴 없이 목포 막걸리 찾아 돌다가
볼 살이 예쁜 여고시대 당신을 만난다

몇 걸음 떨어져
학원 가방 질끈 쥐고 해맑게 웃는 저 아이는
아무런 장식 없이 서있는
목포 역 광장처럼
십 수 년 동안
바람맞으며
머쓱해 하던 날 기다리고 있었던가
선창가 어디엔가
묻어있을 어린 당신의 체온

괜한 객기로 호들갑을 떨며
목포 막걸리 들이킨다

파경

초고층
유리창이
와장창 부서졌다
부서졌다기보다는 번득였다
번득였다는 것은
골격을 잃고 원래 모습으로 돌아간다는 것이다

아침 햇살에 일어나는 강 물결 떼 비늘처럼
혹은 바다의 집어등에 비친
물고기 떼의 등처럼
새로 살아나는 것이다

다시
아프락사스,
전설의 새와 함께
날아오르는 것이다

오순이

함평 조씨네 막내 딸 오순이
어려서
온갖 집안 일 혼자 도맡아 하다
상경하여
변두리에
배우 배용준 생각나게 하는 주점 차려놓고
매일 매일 술꾼들에게
–안 되어라우
고운 억양으로 어르며
한 이십 년 늙었지

이십 년 낡은 동네
재개발 계획 물 건너가고
억울하고 답답한 남정네들 밤늦게 기어들면
–아니어라우
타이르고 위로했지
걸핏하면 쌈박질에
술값 시비로
–삐요 삐요
순찰대 출동하는 주점 동네

힘들었던 시골 생활
일만 시키던 아버지 원망하며
노후대책도 했다 자랑하고
만취한 내게 불쑥 내민 사진 속에는
눈매 선한 착한 사위
눈에 넣어도 예쁜 딸
탐나게 다정했지

사월, 목련꽃이 지다*

네게서
눈을 뗄 수가 없었다
지난 겨울 이래
한낱 잡목 같던 네게서
그저 젖내 나는 꽃봉오리 보자고
이렇게 긴긴 세월
참고 기다렸던 건가

비바람에
하얗게 질린 꽃 이파리들
멍울멍울 날리더니
꽃받침도 없는 춘초몽**이
아직인데
깨끗이 씻겨가다니
하룻밤 만에
젊음을 탕진해 버리다니

부활 첫 주간,
바람에 날리는
알 수 없는 견고함으로

한 줌 재가 되었구나

*2017년 4월 20일 선종한 한란향 크리스티나를 위한 추모시임.
**시간의 빠르고 덧없음을 주자는 '未覺池塘 春草夢(미각지당 춘초몽)/ 階前梧葉 已秋聲(계전오엽 이추성)' 이라 표현하였다.

연천에서

가슴 높이 자란 잡초들 헤치고
어린 왕벚나무 감고 있는 넝쿨들
낫으로 거두어낸다
동생이 세상을 뜨니
무성한 말들이 내 안을 할퀴며 올라온다
김밥을 꾸역꾸역 먹다가
억울한 생각에 목이 메여
아래를 굽어 보니
흙 나르는 덤프 차
흙 지렁이 기듯 기어가는구나

죽어서도 넝쿨처럼
자라나는 남매의 연이라니

수단의 아이스크림*

한 사십대 사제가 아프리카 오지로 공수해 온 가방 안에는 알프스 눈 조각만큼이나 투명한 아이스크림이 들어있었다 칠흑같이 검은 수단의 소년은 그 낯설고 차가운 느낌에 놀라 한 발짝 물러났다 얼음조각에 처음 혀를 댄 소년의 얼굴엔 말라리아 증세가 사라지고 해맑은 웃음이 번져갔다 맨발의 총과 군가 대신 작은 북과 책이 주어졌다 트럼펫 소리가 학교 안에 울려 퍼지자 사제는 고개 숙여 머리를 깎았다 열사의 밤, 수정같이 맑은 아이들의 눈에서 눈물이 쉴 새 없이 흘렀다 흙으로 지은 막사 뒤로 알프스 눈보다 더 새하얀 눈이 쌓이고 있었다

*2010년 방영된 〈울지마, 톤즈〉 KBS 스페셜 참고

제4부
부겐베리아, 나짱의 기억

제농의 화살

나눌 수 없는 시간 한 오리 베어내
나누어 보는 새해 아침
따가왔던 햇살 매미 울음 소리
바람에 구르는 낙엽 소리
늦가을 초상집의 흐느낌 소리
낮고 평등했던 겨울 속초 앞 바다의 철썩대는 소리
낚싯바늘에 걸린 작은 물고기 마냥
파닥거리는 내 심장 소리

살아있다는 건
가끔 진심으로
감사할 줄 안다는 것
고요와 적막을 걷고
마음 설레며 기다릴 줄 안다는 것
알 수 없는 열정에 싸여
몰입해 본다는 것

환생

시험지 채점하다
참았던 소변을 누는데
발밑에 나방이 발버둥치고 있었다
별 생각 없이 발로 밟았다
나방이 다시 살아날 듯 하다 숨을 멈춘다
나는 그에게 평화와 안식을 주었다고 위안한다

눈만 뜨면 무데기로 살겠다고 붕붕대는 것들
한번 내 손 짓에 걸려들면
생을 마감하는 것들
보풀 같은 날개
진물이 모두인 몸뚱아리들이
흔적없이 사라지는가 하는데
장맛비 지나
허허벌판 위에
신록으로
무데기로
파릇파릇 일어서는 또 다른
낯선 목숨들을 본다

비 내리는 푸켓

한국에 전쟁이 나면서 혼혈아가 생기고
혼혈아들은 미팔군에서 사랑을 노래했지
전쟁과 약탈이 끊이지 않던 시대
아들의 거시기를 거시기해서 생겨났다는 푸켓의 트랜스젠더
현지 고교생 60프로가 선망한다는
트랜스젠더
비치 상가든 관광지든
어디서나 이들은 희고 아름다운
늘씬한 자태를 뽐내며
화려하고 섹시한 춤과 노래로
관광객을 즐겁게 해주지

바닷물이 들어와 군생을 이룬다는
이곳 밍크럽나무들 처럼 그들은 강인하고
왓찰롱 사원의 부처님그림처럼
예쁘고 부드럽지

한 남자가 보란 듯이
물고기 한 마리 낚아 살을 발라내고는

아가미를 뻐금거리며 눈알을 떼룩 떼룩 굴리는 걸
바다에 던져 버린다

비 내리는 푸켓
아오찰롱 부두에서는
여잔지 남잔지 알 수 없는 관세음 보살상이
바다에서 솟구치지

잔소리

스무 살 김구는
칼 찬 스찌다 옆차기로 처단하고
외다리 김학철은
보성학교 때
악질 왜놈 교사 쥐어박고 만주로 튀었으며
전태일은 니들 나이에
평화시장 시다가 되어
열 네 시간 노동 끝에
온몸 불살라
인간 평등 외쳤다더라

근데 너는 지금
교정의 털 빠진 고양이 불쌍타
어루만지다
교실에서 잠만 자다가
시험 때면 꼭 변소를 찾는구나

선생은 휴지 들고 뒤 따라가
하릴없이 먼 산 쳐다볼 뿐

존 윅

수천년 전 남자들은
패각을 던져 공과 사를 구별했고
원로원들은 감정을 누그러뜨릴 줄 알았지

존 윅
자넨 변했어
전엔 이성적인 프로였잖아*
전문킬러지만 개 돼지 사람을 구별했어
일들을 제대로 분배했지
그런데 지금 주변을 둘러봐
모두 다 개 한 마리 때문에 동업자를 죽인 자네 흉내를
내고 있지 않나
모두들 넘지 말아야 할 선을 넘고 있잖은가

* '자넨 변했어, 전엔 이성적인 프로였잖아' 는 영화 〈존윅〉에서 존윅의 전 보스가 개 한 마리 때문에 존윅에게 평생 일군 조직을 잃고 마지막으로 죽으며 한 말.

12월의 〈라밤바〉

조금 허스키하고 슬픈듯한 고음 가수
리치 발렌수엘라
멕시코 깡촌 출신
열일곱 어린나이에 우연히 기타 배워
〈라밤바〉, 〈도나〉로 일약 스타 되었으나
악덕 흥행업자 때문에
순회 공연 중 영하 추위에 떨다
비행기 사고로 죽은 소년
겨우 여덟 달 엄마 위해
효도했네

살기위해
개종도 한다는
지진과 빈부 차 심한 나라 멕시코,
형이 준 예언자의 목걸이 걸고
순회공연 때마다
엄마를 보고 싶어하던
열일곱 로큰롤 가수 리치
앳되고 슬픈 목소리
같은 곡 육십 번 혹사당해 뽑은 '라밤바'

파리 나무 십자가소년합창보다 거룩하게
가슴 아리게
어디선가
떠돌고 있는 것만 같아

아내의 밭농사

늦가을이 되자 몇 천 주 넘실대던 파밭은
그루터기만 남아 오래된 유적처럼
노랗게 비틀어지고
그 너머
아내와 내가 심은 서리태
여름내 풍성한 가지며 잎들
비밀스러웠던 이야기들
검게 여문 서리태 콩에게 전해 주고
이파리들 바스러질 듯 서 있다

지난 여름
동네 공터에
스틸로프, 비닐, 드럼통, 플라스틱, 마대 온갖 쓰레기
다 치우고 그곳에 상추 서리태를 심었지
서리태, 상추, 배추 심은 자리에
물도 주고 벌레도 잡아 주었지
서리태 아이 키 만큼 자라
속을 들여다 보면
배추벌레, 무당벌레, 진딧물, 지렁이까지

더불어 살아나는
또 다른 세상 무성하게 펼쳐지고 있었지

풍수원 성당

오랫동안 비 내리지 않아
거칠고 메마른 땅
입김으로 뿜듯 진한 안개 잠결에
오리무중으로 헤매다 이른 곳
온통 산악만 보이는 골짜기
풍수원이다

붉은 벽돌 날라다 몰래 지었다는 낡은 성당
함께 심었을 이백 년 묵은 은행나무 두 그루
먼 데서 온 그리운 친구 뛰어와 손잡듯
노란 잎사귀 우수수 날린다

물이 풍부하다해서 풍수원인가
풀무며 나무곡괭이며 도리깨며 망태며
여느 농가 다를 바 없는데
자그마한 가마
낯선 코쟁이 서양 신부 탔었을 가마
그 네 귀퉁이의 묵은 손때,
운명처럼 기뻐 들어 올렸을
그대들의 땀과 정성인가

계약직

폭염에 힘들어 하는 당신을
쪼아댄다
계약직 노동에
다섯 식구 입에 기별도 안 가고
세상은 간 보듯 당신을 질질 끌고 다닌다
_도지, 장리쌀, 색초를 제하면
남은 것은 등짝에 흐르는 땀
응오는 한 없이 부끄러웠다_
〈만무방〉의 응오*처럼
공공근로에
임시 계약직도 해보지만
'빠가야로' 다

겉으론
모두들 멀쩡해 보이는 데
뭐가 잘못된 걸까

*김유정의 1930년대 단편 〈만무방〉 인용, 응오는 소작농.

부겐베리아, 나짱*의 기억

나트랑섬과 육지를 오가는 뱃전에
부서지는 파도
하늘의 축복 같은
저 햇살과 바람
사오십여년 전
성병수용소와 미국군들의 휴양지가 있었던 곳이다
맨발의 넓은 차양모 아가씨
긴 해변 길
아오자이 자락
살랑거리는 바닷가 내음
섬을 오가는 배들과
바람에 인사하는 야자수 행렬들
오토바이 물결 넘치는 거리
노을진 하늘에 바닐라 크림처럼 부드럽게 녹아
갸르랑거리는 소녀들의 억양
말꼬리를 살짝 높여
마음 설레게 하는 비음

오토바이 그을린 사람들만 넘치는
청년의 나라

그 어디에도 어두운 표정이 없구나

응웬 티 빅 뚜 이*
그녀를 그리워했던 〈머나먼 사이공〉*의 황 병장은
늙어 여길 다시 찾았을 것이다
아오자이 벗고 짧은 치마 즐겨 입는
빅뚜이들은
능란하게 늙은 따이한의 발을 주물렀을 것이다
늙은 황은 진땀 흘리는 어린 빅뚜이들에게 여전히 사랑을 주지않고
몸만 맡기고 말았을까

베트남 여자의 젖통을 도려내어
탄대에 두르고 다녔다던 유신군대 시절 중대장,
이제 그 훈장이
다 늙어 후회가 된다는
따이한의 후손들은
죄의 기억을 품지 않으려 해도
빅뚜이들은
야자수 새순처럼 여리고 착한

표정으로 웃으며 밝게 맞는구나
동족상잔의 기억은 봉합되었을까
하늘은
사랑하는 땅의 아들에게 무엇을 주었을까

지천으로 널린 부겐베리아.
종이꽃 같이 가벼운 너는
알고 있을 것만 같다

*나짱 ; 베트남 남부 휴양지 나트랑의 애칭, 황일천 병장이 억울하게 성병자로 분류되어 이곳 수용소에 있을 때 빅뚜이와 자주 만나 사랑을 나눈 곳.
*빅뚜이 :박영한의 소설 〈머나먼 쏭바강〉에 등장하는 여주인공, 오빠는 월맹군 장교, 엄마의 반대로 황일천 병장을 사랑하였으나 헤어진 깜란 처녀

장수막걸리

북극에서 시작된
이상저온이
아버지를 쓰러뜨렸다
단풍이 노랗게 미처 물들기도 전에
가을 녘 성급한 걸음걸이,
막걸리 벌컥 벌컥 들이키니
이 쉰내 나는 세상 잘 보인다
사람들은 여전히 바퀴를 굴리고
제 삼의 정치에
희망을 걸기도 한다
병원 입구에서 일인시위 하는
중년 여자 그 앞으로
장례차 한 대 지나갈 뿐
달라지는 건
아무 것도 없었다

아버지는 밤새 병원 주사기를 빼내 던져버리셨다

프라하 기행

높푸른 하늘 아래
프라하의 활주로가
녹색 카펫처럼 펼쳐져 있고
인근 주황색 지붕들 사이로
비둘기 까마귀들이 이른 새벽부터
바쁘게 축복의 메시지를 전하고 있다

낡은 중세 도시의 즐비한 고딕의 격자창들과
노랑 꽃잎문양 테피스트리 양탄자에서
오래된 가내 노동의 따뜻함이 객수를 달래주는데
보헤미안의 마리오네뜨
프라하 구시청 앞
낡은 시계 보러 몰려온
관광객들 앞에
죽음과 허영, 탐욕, 시간을 상징하는 마리오네뜨들은
또 다른 목각인형
굽은 등의 열두 사도 마리오네뜨들에게 줄을 당기게
하여 육백 년 전 삐꾹 시계 퍼포먼스 재연하는구나

삽십 미터 거대한 비투스 성당의
스테인드글라스 바라보며
왕인지 교황인지 육백 년 전쟁에 시달려
누군가 줄 당기는 대로 마냥 쓸려 살아갔을
프라하 서민들의 신실함과
오백 년 합스부르크 지배에 대해
생각하지 않을 수 없다

미인 아내 엘리사벳 암살 당하고
큰아들 조카, 동생 다 잃고
홀로 남은 프란츠 요제프 합스부르크 마지막 황제
일차 대전 전쟁 이유 천명하고
새벽 네 시면 일어나 무릎 꿇고 간절히 기도했다
사냥광으로 86세 천수를 누린 그는
양떼 구름 하늘하늘한 저 푸른 하늘 바라보며
어떤 기도 바쳤을까
피 묻은 저 무릎 기도대는
알고 있을 것 같다
일본과도 동맹 맺은 원조 제국
오스트리아

말 탄 병정과 칼도 낯설지 않아
제국의 복판 호텔에서
세수를 하려다
번번이 옷만 적시고 만다

크리스마스 트리

영등포 타임스퀘어 광장의
크리스마스트리는 대낮같이 휘황찬란하다
낮에 본 구세군 딸랑 냄비보다
빙 두른
첨단 불빛이 더 경사롭다
대롱대롱 엘이디 전구들은
비바람에도 불을 뿜는
모세의 떨기나무마냥
빛을 발한다
자동 이체된 재단의 모금은
성탄절을 축제의 분위기로 바꾸리라
그러다가 문득
어둠 속의 가냘픈 나무들이 생각난다
가느다란 초록색 전깃줄에 꽁꽁 묶여있던
그 어린 나무들,
그 알몸들이
휘황찬란하게 번쩍거리는
플라스틱 데코레이션과
엘이디 불빛에 가려 안 보인다

태초에 구름이 있고 물이 있었다
–혈구산(穴口山)에서

거칠 것 없는 바다에서 솟구친 강화 섬 봉우리
물과 물 사이로 둥둥 수제비처럼 떠있는
섬들 섬들 사이로
마니산, 고려산처럼
소문과 소문으로 이름 붙여진
전설의 영산
이곳 혈구산 사람들은
하늘 우러러 낮게 엎드리며 대를 이어온 사람들
땅에서 나와 땅을 파고 땅에 심은 것들을 먹고 살다
땅에 묻힐 줄 알아
노랑 고구마 발그레한 순무 마냥
부끄럼 많았으리라

뭍의 유혹에 사무친 누군가는
바람 그치지 않아
갈대조차 파랗게 질린,
제주에서 서쪽 끝으로 이어지는
마지막 영산 꼭대기 이곳까지
단숨에 뛰어 올라

갈대 숲 사이 저 소나무 둥치 안고
주저앉아
펑펑 울기도 하였을 것이다

태초의 구릉이던 혈구산은
지금 막 일산대교 타고 몰려온
겨울 관광객들 셔터 소리에
한참 놀라고 있는 중이다

비룡폭포

달리 설악이겠느냐
박힌 돌들의 규모를 봐라
천지가 생기던 날
흙먼지 속에 붉은 마그마 흐르고 흘러
하늘 뜻대로
태백산 백두대간 이루어졌느니
이날 이때까지
한낱 소인배들 모리배 정상배들까지
묵묵히 먹이고 거둔 그 화강의 근본심을
알겠느냐

이 나라 근간
무지렁이 꼭두각시 손에 놀아난
근대사의 거간꾼 흥정꾼들 개뼈다귀 같아도
우리 무너지지 않고 견딜 수 있는 건
바로 중원의 그 어떤 흙부스러기보다
강인한 금강심
너 때문이 아니겠느냐

설악이여 내 심장

명경지수에 비치듯 꺼내 흩뿌려
전설의 비룡이라도 될 수 있다면
하나의 말과 문화
백두대간의 동방의 큰 나라
통일 한류 도도하게 흐르도록
하늘에 올라
먼지 비라도 마구 쏟고 싶구나

■해설

밤의 푸가
-한명환 시인의 『수단의 아이스크림』

전 기 철
(시인)

1

칠흑 같은 밤
까페 무인도에 가라앉는다
복제된 술병처럼 넘어지는
무수한 나
아직 넘어져야 할 날이 남았나
아직 일어나야 할 날이 남았나
오줌을 누며
헛구역질 하다 온몸을 떤다
어느 만큼 낮추면
진짜 밑바닥일까
복제된 나는 모른다

-「까페 무인도」 전문

위 시를 읽으면서 참, 가슴이 뭉클했다. 그는 홀로 어둠 속에서 바닥을 알 수 없는 데까지 추락하고 있으면서 한번도 내색하지 않았다. 오죽했으면 수많은 복제된 자아를 갖고 살아가야 했을까. 아무리 낮춰도 바닥은 보이지 않고, 또한 아무리 자신을 복제해도 대신할 수 있는 자아는 보이지 않는 현실에서 시인은 오랫동안 순수 자아를 지탱해 왔다고 생각된 책이나 자료를 자신의 영역에서 내보낸다.

50년대 신문자료 마이크로 필름
민중서관 이광수 전집 12권
품절된 70년대 명저들 학술지 영인본
80년대 광주항쟁자료집
30년 동안 사 모아 책도 되고 밥도 되었던 것들
버렸다
헌책방가게 주인이 전집류만 들고 갔고
나머지는 신문과 함께 수레에 실려 갔다
내 삶의 일부를 포기한 것도
과거를 잊기 위한 것도 아니다
벌레가 성충이 되듯
때가 된 것이다

–「이사」 전문

필자는 시인이 '책도 되고 밥도 되었던 것들'을 모두 내보내는 심정을 안다. 없는 돈에 밥이 되려니, 일자리가 되려니, 아니면 가난한 서생의 밑바탕이 되려니 하고 모았던 자료들에 대한 애착은 공부해 본 사람이라면 누구나 알 것이다. 그는 때가 되어서 그런 자료나 책을 내보냈다고 했다. 말이 내보낸 것이고, 때가 된 것이지 사실은 자신의 영혼 한쪽을 헐어버린 것이리라. 그것은 그가 밤을 건너기 위해서일 것이다. 카페 무인도에서 바닥을 알 수 없는 데로 추락하고 있음을 알았듯이 자신의 과거로부터 이사하고 싶었을 것이다.

한명환 시인을 알고 지낸 지도 벌써 30년이 넘었다. 술 마시면 작은 체구에도 쩌렁쩌렁 울리는 목소리로 '인생 뭐 별 거 있어요!' 하며 항상 호탕하게 웃고, 먼저 술값을 계산하고, 모두들 다 가버리고 난 뒤 끝까지 남아 혼자 앉아 있는 그의 모습이 눈에 선하다. 그런데 이번 시집을 읽으면서 그가 얼마나 홀로 어둠 속으로 가라앉고 있었던가를 새삼 느끼면서 미안한 마음이 이는 것은 그 동안 예민하지 못한 필자의 불찰일 것이다. 원래 한 시인은 소설을 전공했고, 영화나 만화, 애니메이션 쪽으로 많은 관심을 가졌다. 그가 최초로 소개한 신문자료들도 상당수 있었고, 영화를 비롯한 문화 전반에 대한 예리한 평들도 많이 발표했다. 그는 자신이 학자임을 한 번도 의심해 본 적이 없다. 지금도 가끔 만나면 연구자로서의, 혹은 교수로서의 면모를 확실하게 보여준다. 앞으로의 연구 방향이나 학생들을 위한 교수법에 대한 견해들을 토로할 때면 깜짝깜짝 놀랄 때가 많다.

그런데 시는 왜 이렇게 어두운가. 이는 아마도 시는 혼을 표현하는 양식이기 때문일 것이다. 시란 거대한 굴레와 같고, 어둠 속을 걷는 것 같은 삶 속에서 오직 자아의 혼에 의지해서 표현을 얻는 것이기 때문일 것이다. 시인은 자아의 순수한 영혼이 있으리라 믿으며, 삶 속에서 그것을 찾으려고 하지만 결국 실패할 수밖에 없는 처절한 패배자이다. 학자가 논리적인 방식으로 현실에 대응한다면, 시인은 오직 자아의 혼에 의지해서 밤의 강에서 돛단배를 저어가야 한다. 그렇다면 왜 시인은 논리적인 세계를 계속 추구하지 않고 시를 자신의 양식으로 새롭게 선택했을까. 그를 제대로 알려면 논리적 객관적인 학문과 주관적인 시 양식 사이의 거리, 혹은 학문에서 시로의 전환에 대한 면밀한 분석이 필요하다. 학문은 철저히 순수 논리에 의존한다. 그 논리는 기존의 주장에 대응할 수 있는 데에서 나온다. 논리는 낮의 영역에 속하는 것으로 극히 객관적이다. 이는 과학적이다. 그는 이러한 학문의 영역이 자신에게 맞으리라고 생각했다. 중등학교 때부터 공부를 잘했을 뿐만 아니라 논리적인 분야에 대해서는 자신감이 넘쳤기 때문이다. 그래서 박사를 받고 교수가 되려고 부단히 노력한다. 하지만 교수는 그리 오래하지 못했다. 현실의 벽은 너무 높았다. 지금까지 강단에 서 있지만 생활에 필요한 돈이 되지 못했다. 그만큼 순수 논리의 세계에서 그는 오래 버티지 못한다. 그것은 여러 요인이 있겠지만, 필자가 보기에는 순수 논리만으로는 현실에서 먹히지 않았기 때문이다. 그러면 다음에서 한명환 시인이 왜 순수 논리의 세계에서 시로 방향 전환을 했는지 살펴보기로 하겠다.

2

그가 시로 전환한 것은 그의 핏속에 숨어 있는 시적 유전자 때문이기도 하지만 후천적으로 그가 받아들일 수밖에 없었을 한계 때문이기도 하다. 그는 강원도 원주에서 태어났다. 그의 아버지가 군인이었기 때문이다. 가족은 아버지의 근무지를 따라다녀야만 했다. 지금도 그렇지만 군인의 살림살이는 그렇게 넉넉하지 못하다.

> 아군이든 적군이든 마구 실어 나르던 아버지는
> 일곱 식구를 제때에 실어 나르지 못하셨다
> 정착할 집 한 채 없이
> 운전대마저 놓아버린 아버지는
> 생활에 쪼들리며 살아온 나에게
> 큰 짐이었고 풀 수 없는 숙제였다
>
> –「사우나」 부분

정착할 집 한 채 없고, 생활은 늘 곤궁한 아버지를 따라 가난은 대물림되었다. 그는 원주에서 태어났지만 광주에서 성장한다. 이십대 중반까지 지역에서는 촉망받는 인재였다. 하지만 이십대 중반에 서울로 유학 오면서 그의 인생은 또 하나의 벽에 부딪친다. 논리를 통해서 현실에서 살아남을 수 있으리라는 믿음은 하나씩 하나씩 부서져 나간다.

햄버거 맛을 모르겠다
빵덩어린지
고깃덩어린지
포스트모던 한 거리의 한 복판에서
오후 세 시의 불쾌감이 엄습한다

–「롯데리아에서」 부분

그는 대도시 서울을 알지 못했다. 힘이 지배하는 논리, 혹은 '천개의 고원' 과 같이 복잡한 기관이 지배하는 세계에서 그는 '박제가 되어버린 천재' 에 불과했던 것이다. 이 거대하면서 복잡한 기관이 지배하는 세계에서 그의 단순하기까지 한 순진한 논리는 금세 무너지고 만다.

긴 여름 내내 늘어나는 채무에
고금리 대부업체 메시지 외에
일거리 하나 없는
아버지들이

–「원당 시립 도서관」 부분

변방의 수자리 하나 건지지 못한 채
백수건달이 되어

–「막내둥이」 부분

어둡고 긴 터널
외로이 걸었지
눈에 재가 낀 듯
막막한 죽음 같은 시간 흐르고

–「사십 년 만의 수학여행」 부분

나는 꿈속에서도 동생 말에 쓴 웃음 지으며 돈 걱정을 했다

–「꿈」 부분

위에 부분적으로 인용한 시들에서 보듯 그는 서울에서 내몰려 아버지처럼 유랑한다. 도서관으로, 학교로, 공공근로로, 카페로, 술집으로 그는 떠돈다. '겉으론/ 모두들 멀쩡해 보이는데/ 뭐가 잘못 된 걸까'(「계약직」). 그는 자신의 논리로는 도저히 이 대도시의 논리를 이해할 수 없었다. 그는 대학에 잠시 근무하지만 오래지 않아 해고 되고, 고등학교에서도 해고되고 논술학원을 했지만 빚을 지고 만다. 결국에는 공공근로로 내몰리면서 자신의 논리에 절망하게 된다. 그는 술집을 전전하게 된다. 뭐가 잘못된 것인지 알지 못한 채 아직도 자신의 논리에 갇혀 절망에 빠진다. '한여름 오도가도 못한 나의 무능함을/ 도서관 신세나 지며/어떻

게 할 수가 없던 나를'(「신일 선풍기 눈보라 씨에게」) 느끼며 '바람처럼 사라지고 싶은 심정'(「신일 선풍기 눈보라 씨에게」)으로 그가 할 수 있는 일은 자학하는 것이다.

그는 결국 밤 속으로 가라앉아 '카프리에 갇히고' 카페 레드락에 가고 혼술을 한다. 자신의 순수한 논리로는 현실의 힘의 논리를 대적할 수 없는 걸 알고는 절망 속에서 술집을 찾아간 것이다.

날개 죽지 젖은 새가 되어

SOS 구원을 요청해 보지만

삐익 - 이험 신호 경고음인 양

띠띠디 하고 임포텐스의 신호음이여

나는 이제

메시지를 남긴 당신을, 당신의 모음과 자음을

아픈 멍치를 압박하듯 천천히

꾹꾹 눌러 지워야 합니다

나는, 나의 불능은

어느새 카프리 안에 갇히고 말았습니다

–「카프리에 갇히다」 부분

그는 힘이 지배하는 낮의 논리에서 패배하고 밤 속으로 가라앉아 술에 의존한다. 가장 정정당당하여 그것에 의존했던 순수 논리는 현실의 힘의 논리에 산산조각 났던 것이다. 그래서 그는 밤의 감성 속으로 나아간다. 그러나 술을 마시면 앞이 더 안 보인다.

술을 마신다
머릿속에서 서캐가 기듯 앞이 가물거리고
눈두덩이가 붓는다
좀 있으면 손도 부을 것이다

거울에 비친 내 모습도
자꾸 흐려진다

–「미세먼지」 부분

밤 속에서 혼술을 하는 습관은 늘어나고, 더 이상 앞은 보이지 않아 '쉬어갈 역도 많고 가게도 집도 빼곡한데/ 도착점이 안 보인'(「내비 없는 차」) 그 순간, 흐릿한 눈으로 주변을 보니 동주가 있었고 가족이 있었다. 여기에 논리와 시의 갈림이 있다. 자신의 순수 논리는 힘에 의한 현실의 논리를 이겨낼 수 없다는 것을 믿지 못한 채 술집을 전전하며 혼술하다가 흐릿한 눈으로 동주를 발견하고 가족을 발견한 것이다. 그에게 윤동주는 운명이다. 그의 피 속에는 아주 오래 전에 동주가 자리하고 있었던 것이다.

3

> 나 대신 발바닥에 굳은 살 박히도록 생활을 돌보며 아이들을 건사해오던 아내와 흑백필름 속의 '동주'를 보았다 동주는 어둠 속에서 죽음이 두려웠을까 나는 대학을 그만 두고 동주 논술학원을 열었다가 빚만 늘었다 동주는 바닷물 주사로 피 채우며 시를 토했을까 망망대해 위에 불쑥 십자가 고상이 솟았던 영화의 한 장면이 겹쳐진다 눈물이 솟았다 아내와 '동주'를 보다니 아내가 '동주'를 보다니
>
> —「영화 〈동주〉를 아내와 보았다」 부분

시인은 정말 운명처럼 〈동주〉를 보고 자아에 대해 새롭게 눈을 뜬다. 여기에서부터 시인은 운명적으로 시와 만난다. 그것은 가족을 발견하는 일이기도 하다. 자신의 순수 논리 속에서는 가족도 보이지 않고 시도 없었다. 하지만 밤이라고 하는 물질 속에서 그는 조금씩 눈을 뜨게 된다. 자신은 거대한 힘의 논리와는 맞지 않다는 걸 깨닫고 방향을 전환한다. 밤은 논리보다는 감성 쪽이며, 산문적이기보다는 시적이다. 밤은 정신

을 똑바로 차리지 않으면 어둠 속에 묻히게 된다. 밤은 이중적이다. 밤에는 정신을 똑바로 차려야 하는 것도 있지만 밤의 물질성에서 오는 끈적끈적함이 있다. 이러한 양면성을 밤은 그 속성으로 갖고 있다.

먼저 눈을 크게 뜨고 보니 주변이 보인다. 자신처럼 도시에서 패배한 사람들이 있고, 비열한 현실이 있다. 이는 기존에 자신이 가졌던 순수 논리의 변주라고 해야 할 부분이다. 학문의 순수 논리를 시적으로 변용하다 보니 이야기 시들이 나오고 사회비판적 시들이 나온다.

길게 펼쳐진 황톳길 위로

긴 여름날 치맛꼬리 풀리듯 처진 햇살

할미 등에 업힌 아기 따로 노는구나

–「수아」 부분

토요일 오후

아파트 아이들로 시끄러운 마을 한 귀퉁이에서

내 아내와 아이들이 모처럼 나누는

거룩한 시간

–「칼국수」 부분

동주를 통해서 가족을 발견하고 가족의 소중함을 느끼며 자신에게도 소중한 하나의 세계가 있음을 보게 된다. 그는 미국에서 공부하고 있는 딸들이며, 늘 생활에 치어 자신의 인생은 없는 아내를 돌아보는 여유를 가진다. 그렇게 한 발짝 내디디니 주변이 더 환하게 보인다. 그는 자신처럼 내몰린 사람들을 돌아볼 줄 알게 된다.

사십 줄에 혼자 된 연천댁
생선장사, 품앗이 밭일
안 해 본 일 없네
못난 아들 어디서 계모소리 듣고
망나니 짓 끝에
저잣거리 모자란 여자
데려다 놓고 살림 차리네

–「연천 댁」 부분

파이란,
당신은 세 번 울었습니다
당신을 돈으로 여기는 이 곳 사람들이
너무 무서워 혼자 숨어 울었습니다

–「파이란」 부분

그 집 누나
시장 복판에서 머리핀 하나
훔치려다
주인에게 잡혀 울고 있었지

—「옆집 누나」 부분

분리수거통 쓰레기
주둥이 물집 터지도록 뒤지다가
물똥만 찍찍 갈기더니

—「노숙자 릴케」 부분

엄마를 보고 싶어하던 열일곱 로큰롤 가수 리치
앳되고 슬픈 목소리
같은 곡 육십 번 혹사당해 뽑은 '라밤바'

—「12월의 '라밤바'」 부분

연천 댁이나 파이란, 옆집 누나, 노숙하는 개 릴케, 로큰롤 가수 리치, 그리고 은혜부동산 부부나 시골에서 상경한 술집 주모, 공민왕 등은 모두 또 다른 자아이다. 자신처럼 현실의 힘에 눌려 내몰린 사람들이다. 이들을 발견하면서 시인은 사회비판에 눈을 뜬다. 이것은 어쩌면 순수 논리의 서정화이다. 주로 시집 뒤쪽에 집중되어 있는 이런 비판적 정서는 현실에 대한 순수 논리의 서정화라고 해도 무방하다.

밤이슬이 내리자
푸른 독기로 뿌옇게 시야를 가리는 거리
좀비들 마냥 어기적 어기적 걸어다닌다

—「오이디푸스의 눈 2」 부분

혈연 지연 학연으로 얽혀
아는 사람끼리 적당히 뒤를 봐 주는 관행
겉으로는 아닌 척 해도
목구멍이 포도청이라며 돈이 우선인 나라

—「삼년만의 세월호」 부분

위 시들에서는 현실에 대한 비판의 눈을 감지 않고 신랄하고 매섭게 분석하고 파헤치는 열정이 보인다. 이외에는 '미선이' 나 현실 정치 비판(「장수막걸리」)이 날카롭다. 정치는 말로 우리를 속이고, '크리스마스트리' 는 가로수를 못살게 군다. 이와 같은 사회비판은 시로 할 경우 너무 논리가 부족하여 넋두리가 될 수 있다. 왜냐하면 시는 비판적 양식이 아니기 때문이다. 이에 시적 정화의식이 놓인다.

4

시인은 현실에 눈뜨고 주변을 돌아보고 가족을 발견하면서 또 한 번의 변주를 시도한다. 그 변주는 시에 대한 자기 정화로 나타난다. 순수 서정을 통해서 지치고 고독한 자신을 정화하는 의식이 그에게는 필요했던 것이다. 하지만 그는 시적 정화 의식으로 바로 들어가지는 못한다. 그 이전에 먼저 여행을 떠나고 깨달음의 세계로 나아가는 과정을 거친다. 시인은 '이제는 돌아와 거울 앞에서 선 내 누님 같은' 심정으로 여행지에서 보다 큰 자아를 보게 된다.

부대껴온
오욕칠정이
눈물 같기도 하고
아아 자비심 같기도 한데

—「쌍계사 길」 부분

시인은 쌍계사 꽃길을 걸으며 자신을 돌아본다. 어두운 현실에 절망하는 일이며 분노하는 일이 한갓 '천한 인간사' 라고 여기며 자기 치유를 경험한다. 그런가 하면 태국 왓찰롱 부두에 가서는 '여잔지 남잔지 알 수 없는 관세음보살상이/ 바다에서 솟구치' (「비 내리는 푸켓」)기도 하고, 풍수원 성당에 가서는 가난한 이들의 희생을 목격한다. 그리고 나짱에 가서는 순결한 빅뚜이들을 만나면서 스스로 정화된다. 정화를 통해 보다 큰 자아를 만나면서 시인은 진정한 정화는 자연에 의한 치유라는 걸 알게 된다.

야자수 새순처럼 여리고 착한
표정으로 웃으며 밝게 맞는구나
동족상잔의 기억은 봉합되었을까
하늘은
사랑하는 땅의 아들에게 무엇을 주었을까

지천으로 널린 부겐베리아

종이꽃 같이 가벼운 너는
알고 있을 것만 같다

–「부겐베리아, 나짱의 기억」 부분

비참한 동족상잔의 기억을 잊은 듯 밝게 맞는 베트남의 '빅뚜이' 들을 보면서 시인은 자연 정화를 목격한다. 이러한 자연 정화는 「아내의 밭농사」에서는 한층 고조된다. '배추벌레, 무당벌레, 진딧물, 지렁이까지/ 사슬로 엮어 살아나는/ 또 다른 세상 무성하게 펼쳐지고 있었지/ 그랬었지' 에서처럼 자연 속에서 진정한 삶, ' 또 다른 세상' 을 발견한다. 자연에서의 또 다른 세상의 발견은 혈구산을 보면서 「태초에 구릉이 있었고 물이 있었다」를 깨닫게 해준다. 자연이란 인간사의 오욕칠정이 끼어들 틈이 없다. 왜냐하면 자연은 그대로 순수 자체이기 때문이다. 이러한 순수 자연은 「네 기도를 들었고 눈물을 보았다」「하늘 아래 첫동네」, 「사월, 목련꽃이 지다」, 「수단의 아이스크림」, 「비룡폭포」 등에서 보인다. 시인은 도시 너머 정말 순수한, 태초의, 하늘 아래 첫 동네가 있다는 것을 알게 된다. 그것은 자기 정화를 넘어 순수 그 자체의 위대함이다. 자연을 통해서 시인은 스스로를 정화하는 것을 넘어 자연의 숭고함에 도달하려고 한다. 그리고 그 자연을 순수 자체로 받아들이는 양식이 시이다. 순수 자체로서의 시. 「파경」도 좋은 서정시에 속하지만 그보다 밀도가 더 높은 시 한 편을 보자.

누가 쓴

혈서인가

붉고 검은 잎들

지금

폭염의 자외선에

고개 빳빳이 세운 채

뒤틀리고 오그라져

까맣게

타들어간다

가시 끝에서

피어난 꽃봉오리

말라붙어 다시 독침이 된다

–「가시 장미」 전문

이만한 순수가 어디 있는가. 장미보다 더 순수하고 영롱한 꽃을 피워낸 시인은 절대 무상의 경지, 혹은 밤이니 논리이니, 사람이니 하는 것들을 모두 뒤로 밀쳐놓고 무아의 경지에 들어가 있다. 여기에서는 깨달음조차도 없다. 그냥 무념무상이다. 그는 존재 자체까지도 넘으려고 하고 있다. 하지만 그것은 이제 단초일 뿐 결코 넘은 것은 아니다. 행간들 사이의 텅 빈 풍경이 가락조차 비웠지만 아직 '독침' 이 보인다. 이 '독침' 여하에 따라 그의 문학 행위의 방향, 혹은 삶의 방향은 달라질 것이다.

논리, 그것도 순수 논리의 세계를 지향했던 학자가 힘에 지배되는 현실의 논리를 넘지 못하고 죽음 같은 밤을 통과하면서 자기 정화로 나아가다가 자연을 통해 시에 이르는 과정을 살펴보았다. 그는 여기 도달하기까지는 너무 많은 정력을 낭비하고 고통을 겪었을 것이다. 밤의 작은 술잔으로 위로하고 싶은 심정이다. 도시 유랑민으로 기댈 데 없이 좌충우돌하다가 결국에는 자기 치유를 할 수밖에 없는 시인의 숭고하고 처연한 모습이 보인다. 앞으로 시라는 꽃을 더욱 찬란하게 꽃피워, 더 높이 띄워 모든 이들의 밤길을 비추기를 바란다. 그의 시는 밤의 둔주곡이므로.

수단의 아이스크림

찍은날 2017년 12월 15일
펴낸날 2017년 12월 20일
지은이 한명환
펴낸이 박몽구
펴낸곳 도서출판 시와문화
주 소 (13955) 경기 안양시 동안구 경수대로883번길 33,
103동 204호(비산동 꿈에그린아파트)
전 화 (031)452-4992
E-mail poetpak@naver.com
등록번호 제2007-000005호 (2007년 2월 13일)

ISBN 978-89-94833-32-3(03810)

정 가 10,000원